Müllentsorgung Teil 2

Techniken für

Fortgeschrittene

Frank Zacharias

geschreibt und gemalt

Juni 2014

Herstellung und Verlag:
BoD - Books on Demand, Norderstedt
ISBN 978-3-7357-4070-0

* Vorwort nä
* Entsorgungsgesellschaften
* Familienausflug
* Denn sie wissen nicht was sie tuen
* Die Spät oder Dunkelentsorger
* Die einarmigen Entsorgerinnen

* Die Mobilen Entsorger zum zweiten
* Die, die nicht kommen
* Kleinmobil Rückholer zum zweiten
* Die Gruppenabholung
* Hucke Pack Rückholer

Nun, da einige Zeit vergangen ist melde ich mich mal wieder zu Wort.

Nicht mehr verschwitzt und nicht mehr ängstlich stehe ich immer noch an der gleichen Tür, um durch Zufall das Müllentsorgungsverhalten unserer alten und neuen Bewohner anzuerkennen. Die Fluktuation in unserer Privatstrasse ist sehr hoch, sodass sich einiger Müll ansammelt.

Nach dem die alte Eiche weit über die Strasse reichte und schon bis auf Kopfhöhe herunter hing, war das Müllentsorgungsgelände ein gefährlicher Bereich geworden, der meist nur mit Schutzkleidung zu betreten war. Aus diesem Grund wurden auch nur alte und gebrechliche Anwohner zum Entsorgungsgelände geschickt. Vorgekommen ist es auch, da schickte doch tatsächlich eine Familie ihre Haushälterin, und das in unserer Strasse, welches

natürlich erheblich für
Aufregung sorgte , dies wurde
auch so gleich ausführlich
unter den Strasseninsidern
diskutiert.

Aber ich schweife ab, dann halt später mehr davon.

Wir widmen uns wieder unserer Eiche und das Problem, das sich darstellte für die Müllentsorgungsgesellschaften, ja sie haben richtig gelesen, die, wir haben jetzt zwei davon.

Aber wir nehmen als erstes unsere städtische Entsorgungsgesellschaft, weil jene dieses Problem gelöst hatte.

Durch unzählige Informationen an den Eigentümer dieses

Grundstückes, ohne irgendeine Resonanz kam jetzt der Auftritt der Entsorgungsgesellschaft. Kein leichtes Unterfangen sollte es werden.

Es musste vorab genehmigt werden, das die Entsorgungsfahrzeuge vergrößert werden mussten, damit erstens mehr Unrat eingesammelt werden konnte und zweitens das Problem der Privatstrasse zu beseitigen.

Es näherte sich der Tag als die Fahrzeuge ihren ersten Einsatz haben sollten, nur auserwählte und geschulte Fahrzeuglenker durften in die neuen Geräte steigen und ihren Job verrichten.

Sie kamen wie immer pünktlich an jenem Tag der Entsorgung, gekonnt rückwärts gesteuert und mit geschultem Auge alle herunter hängenden Äste einfach abgefahren, gekonnte Leistung, dann die bereitgestellten Entsorgungsbehälter entleert und ab von Hoff.

Wie es üblich ist bei der Entsorgungsgesellschaft, den Dreck einfach auf der Strasse liegen lassen, irgendeiner räumt schon weg.

Danke liebes Dienstleistungsunternehmen .

Nach langen Quälereien und knallharten Verhandlungen wurde nach Monaten

Das zweite Müllentsorgungsunternehmen, welches nur zuständig für die Abholung des Wertstoffbehälters,

für Laien (Gelbe Tonne) ist,

verpflichtet

OK Ihr habt den Auftrag!

Das neue Entsorgungsunternehmen unterscheidet sich von dem Städtischen in drei wichtigen Merkmalen.

1. Die Farbe des Entsorgungsfahrzeuges

2. Den Entsorgungstag

3. Den Punkt der Be-und Entladung des Entsorgungsbehälters

Zu Punkt eins ist anzumerken Rot.

Zu Punkt zwei, einen Tag eher als die städtische.

Zu Punkt drei, nach dem entleeren variiert der Zurückstellungspunkt des Entsorgungsbehältnisses.

Es kann sich zwischen vier Metern und fünfzehn handeln (auf der anderen Strassenseite).

So jetzt noch eins vorweg, zugute halten muss man den neuen Müllentsorgern, dass Sie wesentlich sauberer auftreten als die Ureinwohner der Strasse, dies ist natürlich auch eine herausragende Leistung des Müllflüsterers, der die Menge voll im Griff hat.

Die neuen Bereitstellungstechniken

Familienausflug

Sehr ruhig zugezogene Müllentsorger, Stocksteif, den Blick immer nach vorne gerichtet, anfangs noch schwanger, jetzt nicht mehr. Der Nachwuchs läuft schon. Ach Ja, immer gerade aus kein Moin Moin zu den Mitmenschen, Er, schwebender Gang, Sie, Packung Schlaftabletten. Doch wenn sich die Entsorgungstage nähern blüht die Familie richtig auf. Es könnte verglichen werden mit einem Kurzurlaub oder Familienausflug, Abenteuer, Survivaltrip.

Volle Kampfbekleidung, dicke Jacke, Schal, Bommelmütze und festes Schuhwerk. Da ja die Wertstofftonne einen Tag eher entsorgt wird und der Rest einen Tag später hat die Familie also zwei Kurzurlaube und das alle zwei Wochen. Die Wertstofftonne wird jeweils von einem Ehepartnerteil plus

Kleinkind bereit gestellt. Kind klein, Erwachsener Groß, also Tonne möglichst tief halten, da ja Kleinkind auch ran kommen muss, an den Griff natürlich, Erwachsener in gebückter Haltung (gut für Rücken), dies geschieht in circa fünfunddreißig Zentimeter über dem Boden. Die Restlichen drei Tonnen am nächsten Tag alle zusammen, es handelt sich dabei also um drei Bewohner und drei Tonnen, nebeneinander die einem auf der Strasse entgegenkommen.

Man nimmt sie erst gar nicht wahr, da sich dies kurz über dem Asphalt abspielt. Ein gutes hat es dennoch, der ansässige Orthopäde ist völlig überlaufen.

Die nicht wissen

was Sie tuen

Da die Entsorgungsgesellschaften unterschiedliche Methoden praktizieren um das bestmögliche Ergebnis zu erzielen, sorgt das für manche Bereitsteller für ein durcheinander in der Gehirnregion – warum auch immer?

Denn seit der Wende wird diese Methode bei der städtischen Entsorgungsgesellschaft praktiziert. Die Entsorger kommen, sortieren nach Farben und gehen weiter. Für die Anwohner in unmittelbarer Nähe des Entsorgungsgelände ist es noch einfacher, da die Entsorger die Tonnen vom Grundstück holen. Also besser kann es nicht laufen.

Es sei denn, ein Feiertag liegt in der Woche, dann verschiebt sich Entsorgung um einen Tag und die Entsorger finden ihre

Tonnen in dem gleichen Zustand wieder, wie sie sie am Vortag bereitstellten.

Das heisst im Klartext, am Entsorgungsgelände einen Riesen Aufstand veranstalten und das mit einer Lautstärke, damit sich die Bewohner anderer Wohnungseinheiten ein paar Strassen weiter noch erschrecken. Dann ist man ja der coole Max, steht mittendrin im Müll und ruft mit dem Handy die Entsorgungsgesellschft an und diskutiert mit der netten Dame von der Hotline über das Missgeschick welches ihm widerfahren ist, nach langem hin und her wurde ihm doch noch klar gemacht das sie erst morgen kommen und er den Unrat nicht durchs Handy drücken kann,

kleinlaut und ab in Haus.

Nebendran wurde noch nicht begriffen, das die zweite Entsorgungsgesellschaft die Tonnen nicht vom Grundstück holen, es ist jedem klar, ein deutlicher Hinweis ist auch das am Entsorgungsgelände alles voll gelber Tonnen steht, da, stelle ich doch meine einfach dazu. Ein Hilferuf zu den Nachbarn, wieso, seit wann???????

Die Spät oder Dunkelentsorger

Nach einem erfüllten Arbeitstag, entzückenden Tag mit der Familie oder sagen wir mal so.

Das Tagesgeschäft ist abgearbeitet, die Fernseher laufen, verschiedene Räume, verschiedene Sender.

Aber es ist noch nicht Zeit für die Entsorgung, zu hell, zu früh. Also was tuen mit Zeit bis es losgehen kann. Nervös um den Küchentisch laufen und telefonieren, Facebookspiele oder Freunde mit Whats Up nerven.

Mittlerweile herrscht laute Stille auf der Strasse zum Entsorgungsgelände, Stockfinster, nur von der Hauptstrasse schimmert ein wenig Licht. Perfekt

Schlappen an, Taschenlampe für alle Fälle und raus.

Der Gedanke bei dieser Technik ist, wenn mann bis Zehn Uhr darf dann wird das auch ausgenutzt, warum sollen auch andere Wohnungseinheitenbesitzer ihre Ruhe haben?

Es steht an städtische Entsorgung, das heisst drei mal voller Euphorie die Strasse auf und ab, links Taschenlampe rechte Hand Entsorgungseinheit. Die Stille wird gebrochen durch das widerliche geknirscht und geknattere der Plastikräder die über den Asphalt scheuern,

Geräusche die selbst den eigenen Fernseher übertönen.

Meine persönliche Meinung, es muss dem Entsorger ein Gefühl von Macht und Freiheit geben das er es so praktiziert.

Die einarmigen Entsorgerinnen

Vorweg gesagt gehört auch die Kategorie Zeitlupenentsorgung dazu.

Sie stehen früh auf, nicht das sie das wollen aber sie müssen, der Mann muss aus dem Haus und das Kleinkind sollte ja auch versorgt werden. Der wichtigste Grund ist natürlich das Entsorgungsvorhaben welches Heute stattfindet und das bedarf eine Menge Planung und Vorbereitung.

Ist der Mann erst einmal aus dem Haus kehrt bei den zurückgebliebenen wieder Ruhe ein. Die Fernsehgeräte in den verschiedensten Räumen werden angeschaltet, zur Information über das Tagesgeschehen und es macht bunte Bilder.
Morgentoilette nebenbei gefolgt von happa happa, das haus wird durchsucht nach liegengebliebenen Müll, sodass jede Tonne sein Teilchen abbekommt. Kind schläft nicht

von selbst ein also spazieren gehen und andere Elternteile treffen, die das gleiche Problem haben. Wieder zurück die schlägt 12, Mittag vorbereiten, wieder entsteht Unrat, Gelbe Tonne voll, Restmüll voll, das glaube ich dann auch nicht mehr Biotonne halbvoll, tja dann kommt halt Plastik und Aluschalen in die Biotonne. 14 Uhr, oh jetzt wird es aber Zeit für die Bereitstellung. Drei Tonnen müssen bereit gestellt werden, also dreimal laufen und los geht es.

Wir starten Kind links an der Hand, Tonne rechts, kleine Schritte gebückte Haltung, am Ende des eigenen Grundstücks erste Schwächeanfall mit den lauten

Arm.

Geschultert und weiter geht es, hier ein Plausch und dort ein Schnack, geschafft 15 Uhr die erste Tonne steht. Kind kann wieder zu Fuß zurück, das gleiche Spiel dann noch zweimal. Dämmerung setzt ein und die Entsorgungsbehälter stehen an ihrem Bestimmungsplatz, 18:30 Mann kommt gleich, ab aufs Sofa.

Hallo Schatz ich so kaputt kannst du Heute mal kochen?

Die Mobilen Entsorger 2

Welches immer noch gerne praktiziert wird, es hat an Popularität nichts eingebüßt. Das entsorgen des kompletten Hausmüll mit dem PeeKaaWee, täglich, mehrmals täglich oder es wird auch Unrat mitgebracht und entsorgt, aber von Anfang an.

Die Sonne geht auf und die Strasse beginnt zu leben, es muss ja fast alles zur Arbeit oder zur Schule, ein Elternteil in Auto rein, schon den ersten

Müll im Kofferraum, bis zum Entsorgungsgelände zweiunddreißigkommaacht

Meter, es scheint ein leichtes zu sein bis auf 70 kaamhaa zu beschleunigen und am Gelände abrupt zu bremsen. Kofferraum auf, entsorgen und ab zum Brötchen holen, aber nur dort wo auch ein Glascontainer steht um die Pülliken vom Abend auch noch zu entsorgen.

Das passiert an einem normalen Wochentag zwölf bis fünfundzwanzig mal, herrlich.

Ein weiteres Phänomen, wie im vorigen Kapitel schon erwähnt, Kind schläft nicht, im Kindersitz angeschnallt und immer nur ein Entsorgungsgut in den Kofferraum, das heißt, das ein Elternteil (in diesem Fall weiblich) viermal das Entsorgungsgelände aufsucht und hofft das ihr liebes denn auch bald einschläft.

Gute Nacht Umwelt

Da auch Selbständige in der Strasse leben und diese nicht in Lage sind für ihre eigene Firma

Entsorgungsbehälter zu bestellen, weil dies auch zu schwierig ist wird der Müll einfach mit nach Hause genommen, mit dem Hintergedanken, ich fahr ja sowieso an den Tonnen vorbei.

Da es ja bestätigt ist das wir eine Fast Food Gesellschaft sind wird auch dieser Müll mobil zu Hause entsorgt.

Die Sonne geht langsam unter und der Mieter Hans Wurst kommt von der Zwölf

Stundenschicht nach Hause, hat sein übliches Geschäft verrichtet, (duschen, essen usw.), möchte dann auch den Spaß der Entsorgung haben und macht sich auf den Weg, bisschen frische Luft tut ja auch ganz gut, angekommen.

Scheiße alles voll!

Wir greifen nun kurz das Thema des Strassengetuschels wieder auf, es ist nicht mehr so schlimm wie damals, da der Hauptgrund und Antreiber dieser Bösartigen Intrigen umgezogen ist.

Was manchen Ureinwohnern trotzdem aufstößt, zugezogene Neubewohner halten sich Personal für die verschiedensten Bereiche, Hundesitter, Babysitter und natürlich den, na nennen wir ihn einfach einmal Haussitter (Putze oder Putzer) hört sich nicht ganz nett an. Es sind halt Fremde, sie werden erkannt auf der Strasse, sie Grüßen nicht und Sie benehmen sich genauso wie es von ihnen erwartet wird.

Ist mir doch egal, ich wohne hier ja nicht!!!

Jetzt noch eins und zwar zu dem Entsorgertyp

Die Da schon wohnen,

dort hat sich in den letzten sechs Jahren nichts geändert.

Es wird immer noch, je nach Typ des Unrats alles einzelnd herausgebracht.

So das waren die neuen Entsorgungstechniken, nun fehlen ja nur noch die neuen

Rückholtechniken und den widmen wir uns jetzt.

Die, die nicht kommen

Da ja das reinste Durcheinander am Entsorgungsplatz herrscht, Entsorgungsbehälter stehen im Weg sodass es mit dem PeeKaaWee eine Kunst ist, um zu seiner Wohneinheit zu gelangen. Nach und nach verschwinden die Tonnen und es bleiben immer die selben übrig, die von den die nicht kommen. Obwohl sie täglich zwölf bis fünfzehn mal daran vorbeifahren, ist es ihnen völlig egal was mit den Behältern passiert. Ein Trauerspiel, sie stehen nur im Weg rum.

Nach drei bis vier Tagen ist es dann soweit, der Müllflüsterer nimmt sich dem Problem an und löst es auf seine Weise, mit lautstarken Äußerungen in das Entsorgungsgelände hinein, verschwinden dann auch die Entsorgungsbehälter.

Nun wird es hektisch in der Wohneinheit von denen die nicht kommen, es stinkt in der Wohnung, kurzer Blick nach draussen ins Carport,

wo sind meine Tonnen? Da sie nicht von alleine kommen muss er wohl oder übel selber los zum Entsorgungsgelände. Gereizt steht er nun dort, es ist eine Frechheit meine Tonnen zu verstecken wenn ich den erwische.

Keine Schuld ist er sich bewusst.
Idiot

Kleinmobil Rückholer 2

Einst wurden sie von den Erziehungsberechtigten aus dem fahrenden PeeKaaWee gestossen worden, mit der netten Aufforderung

los nimm die Tonnen mit.

Da sie nun größer sind haben sie ihre eigenen Techniken zur Rückholung der Entsorgungsbehälter entwickelt.

Ohne Bitte des Elternteils wird diese Aufgabe erledigt.

Vom Gassifahren mit dem Fahrrad zurückgekommen, am Entsorgungsgelände scharf gebremst, den Hund (ganz schön Groß) am Lenker festgebunden, Tonnen gesucht und laut gedacht „zwei kriege ich bestimmt mit", eine an den Gepäckträger angekoppelt, eine an Hand, aufgesattelt und ganz laut „hüa Hund", diese Aktion zwei mal und erledigt.

Aber Vorsicht ist geboten.

Wettrennen finden auf der Strasse auch immer wieder statt,

Gokart gegen Inliner, Fahrrad gegen Fahrrad, Gokart gegen Fahrrad und der Klassiker Skateboard gegen Inliner. Diese Rückholvariante ist nicht so Gefährlich wie die Hundeaktion. Nennen wir es einen Boxenstopp, Gokart geparkt, die Behälter gesucht und zurecht gestellt, der Inlinefahrer hält sich hinten fest und ab mit Gebrüll, die Performance funktioniert auch mit dem Skateboardfahrer im Schlepptau, auch hierbei gibt es eine kleine Gefahr.

Denke daran Gokartfahrer wenn du mit vierzig kaamhaa nach Hause ballerst, du hast eine Bremse der Brettkollege nicht.

Die Gruppenabholung

Was hier praktiziert wird ist so eine Art Völkerverständigung, einst hieß es bei uns in der Strasse

Strassenfest,

man sollte sich kennenlernen beim grillen und ein Schlückchen wurde auch genommen. Wie beim Strassenfest beginnt es auch hier bei der Abholaktion mit der Terminplanung.

Das wichtigste bei der Planung ist das Zeitfenster, da diese Abholaktion schon mal drei bis vier Stunden in Anspruch nehmen kann, muss es gut kalkuliert sein.

*Kinder in der Schule oder Kindergarten

*Einkauf getätigt

*Essen vorbereitet

*Hartz IV abgeholt (weil sonst Amt zu)

Des weiteren kommt es auf die Wettersituation an, Kleidung

sollte angepasst werden, auch den Wetterumschwung sollte man einkalkulieren und natürlich die Verpflegung darf nicht fehlen. Ist die Zeit gekommen treten alle Beteiligten synchron vor die Wohneinheitentür, Augenkontakt ist sofort hergestellt und es kann losgehen. Schmeicheleien durchkreisen die fröhliche Runde, ahh neues Teil, ohh Frisur also das übliche, achja Schuhe vergessen. Das Entsorgungsgelände liegt in vierunddreißig Meter

Entfernung, das heißt also genug Zeit über die herzuziehen die an der Aktion nicht teilnehmen oder von vorn herein nicht eingeladen wurden. Es gibt immer welche die gehören nicht dazu. Am Gelände angekommen und der Proviant ist auch verzehrt (die Hände frei für die Tonnen), ist die Zeit auch knapp geworden und geht nun alles ein bisschen flotter von der Hand, jeder greift sich seine und zurück zur Wohneinheit, das war ein schöner Vormittag, das müssen wir bald mal wiederholen.

Es bleibt nur die Frage ob es auch die gleichen Teilnehmer sein werden?

So leider sind wir schon wieder fast am Ende, aber ein Rückholungsprofil gibt es ja doch noch und zwar tritt es häufiger auf da es viele junge Mütter in der Strasse gibt.

Hucke Pack Rückholer

Da die kleinen ihre Beine noch nicht solange einsetzen können wie sie es gerne möchten, wird abrupt schlapp gemacht.

Sie laufen, welch ein schönes Gefühl, doch meistens reicht

die Kraft nur für eine Strecke,
deshalb muss geplant werden,
wie Kind und die
Entsorgungsbehälter gleichzeitig
mit zurückkommen.

Es gibt erstens eine speziell
entwickelte Software die
verschiedene Möglichkeiten
durchspielt und per Quicktime
wiedergibt und zweitens

wird eine Tragesack
mitgenommen. So es müssen
drei Tonnen mit zurück und
das Kind natürlich, das heißt
entweder einmal oder zweimal

laufen. Beim zweimal laufen schaffen wir es nur auf zwei Behälter, Kind auf den Arm, Hüftsitz und zwei Tonnen mit den Griffen zusammen stellen und schon geht es los.

Beim einmal laufen kommt der Sack mit hinzu, ganz einfach Kind hinein und auf den Rücken geschnallt, nun sind beide Hände frei zum ziehen oder schieben.

Wer die Zeit hat kann natürlich auch dreimal laufen.

Das war es nun aber wirklich,

obwohl, es gehört ja auch noch eine Danksagung an alle Beteiligten.

Danke

Die Seite bleibt leer